L’ère du ghosting

Princesse Feussouo

L'ère du ghosting

Théâtre

LE LYS BLEU
ÉDITIONS

ISBN : 979-10-422-1835-5

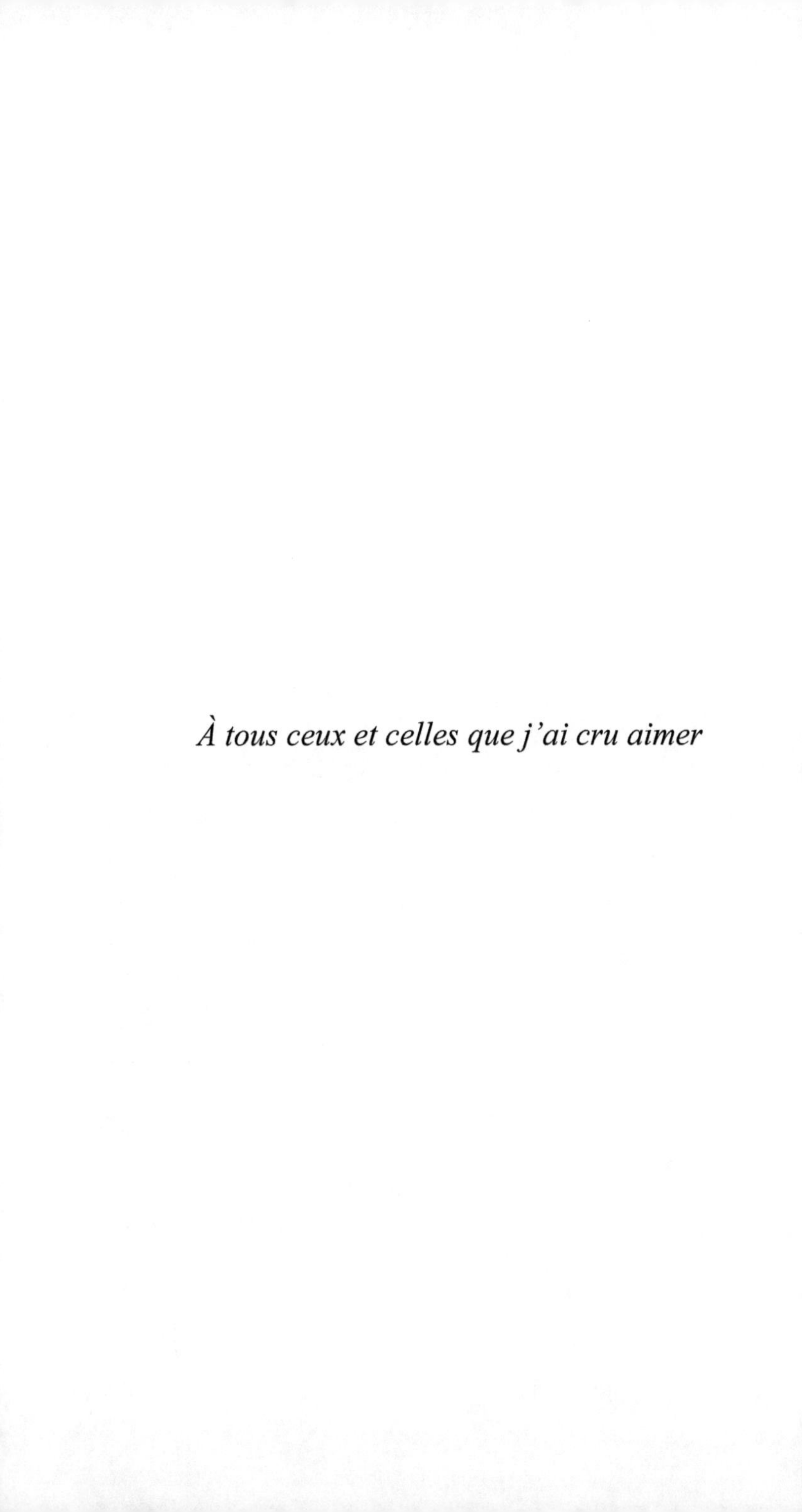

À tous ceux et celles que j'ai cru aimer

La nostalgie me hantera jusqu'au dernier jour et je disparaîtrai dans les limbes, en restant pour toujours le fantôme amoureux de vos esprits désinvoltes.

Action

Int/ext. Cadre de fenêtre – Day

(La caméra se porte sur SIN, celle-ci danse dans un salon, sa pipe à la bouche, ses ami·es dansent en cercle, se lancent dans des mouvements exagérés avec grâce. La scène s'apparente à une peinture baroque.)

CUT TO

Ext. Cabine téléphonique Bell – Day

(Noir et blanc, la caméra se rapproche de Mbemko au fur et à mesure.)

(Mbemko [lunettes sombres aux yeux] chuchote au creux du téléphone et prend une cigarette entre ses doigts.)

(Brusquement, elle raccroche le téléphone, ses mains tremblent et dansent de frustrations.)

CUT TO

Ext. Ruelles du Vieux-Montréal – Day

(Mbemko déambule dans les ruelles à l'architecture haussmannienne, on la suit de dos. De temps à autre, elle s'arrache les cheveux, les mains frustrées, sa cigarette au bout des doigts.)

Mbemko (V.O.)

Ces derniers mois, les souvenirs de nos rencontres tournent en boucle. Comme les manèges, lorsqu'on en abuse, on a le vertige, on devient malade et on vomit.

Exactement.

Je nage dans l'eau changée en vin par tes soins,

Je nage dans l'alcool de dépanneur,

Je nage dans les restes d'alcool fort, tu sais, ceux cachés dans les tiroirs et exposés uniquement aux événements de famille.

L'eau-de-vie aux yeux des invités assoiffés coule sous les veines de mon âme esseulée avec certitude : la première fois que je t'ai conviée, tu étais saoule et la dernière fois aussi.

Avant toi, je buvais peu.

Je me souviens encore de notre premier verre.

— Connais-tu ton signe astrologique ?

Je t'ai répondu vaguement avec un sourire naïf aux lèvres. Un sourire que je peine à retrouver depuis, d'ailleurs.

— Capricorne, ascendant cancer.

D'un air hautain qui ne te quittera jamais, tu as laissé tomber ces simples mots :

— *Bitch émotionnelle.*

Tu avais raison. Je ne sais pas si Bitch et émotionnelle vont de pair, mais ça fait l'affaire.

Quoi qu'il en soit, au fil des années, je n'ai jamais su si c'était toi ou l'alcool qui parlait lorsque nous nous perdions dans les ruelles le soir.

@ Avec Bouchra Assou

Dans tes bras, j'ai été prise par une nouvelle vague.

— Tu es conne.

J'ai souri en pensant que c'était un moyen de réchauffer l'atmosphère, et puis avec le temps, j'ai compris que c'était probablement du mépris du haut de ta falaise, sans les caméras de Godard.

Quelques hivers auparavant, nous devions nous rencontrer, je suis arrivé deux heures en retard. Tu m'as glissé une blague et j'ai rétorqué : « oh putain, t'es trop conne ! ».
Mes mots sont restés ancrés en toi.

Depuis que tu es parti, les matins sont silencieux, seuls les chants des voitures et des oiseaux donnent un sens à nos souvenirs, un moyen de me dire que tout cela a bien été réel. Mes pleurs ne suffisent plus. Mes larmes ne nourrissent pas non plus ma plante morte.

Morte, car oui, je l'ai assassinée.
Encore hier.
Encore aujourd'hui.
Merde !
À peine réveillée, je suis coupable.
(Un temps.)

On s'en bat les couilles !
Le temps passe et je ne désire plus, j'apprécie.
Presque comme un souvenir d'enfance, son visage me paraît intraçable.
Mes sentiments orphelins ont disparu, enfouis dans un mélange d'oubli et de peur.

Ah ! À cet instant, son visage me revient.
Comme je disais, je ne pleure plus, c'est déjà ça.
J'ai quatre-vingts ans pour guérir… Qu'importe !
Ça me plaît. Les regrets me font face. Et moi, je leur crache à la gueule.
Mes regards furtifs remarquent les feuilles jaunies.
Une preuve,
je ne peux prendre soin de plusieurs choses à la fois.
De temps à autre, je me lance sur le balcon, admirant les va-et-vient de mes voisins.

Je ne ressens aucune anxiété à l'arrivée de l'hiver. Pourquoi donc ? Il ne se passe strictement rien sur la rue Saint-Denis à *Tio'tia:ke* (Montréal) quand je vois, dans les médias, un monde entier en ébullition. Je ne comprenais pas cette dichotomie de notre existence. Les rues silencieuses nous abandonnaient aux informations cathartiques, bruyantes.

Le racisme, la covid 19, les guerres orchestrées et leurs descendances.

La vie, quel poison ! En 2020, s'ils ne se font pas tuer avant, les oiseaux gagnent officiellement le titre des plus chanceux... Comme les hommes blancs cisgenres et hétéros quoi... Of course. Ainsi, quand on peine à voir le futur, on sombre dans le passé.

On observe les souvenirs vagabonder éternellement.

En attente...

Depuis mars, je n'ai plus rêvé d'images qui puissent me fasciner ou du moins, me nourrir, ou plus, m'inspirer.

Les livres apparaissent tels des rois que la vie détrône à la dernière page.

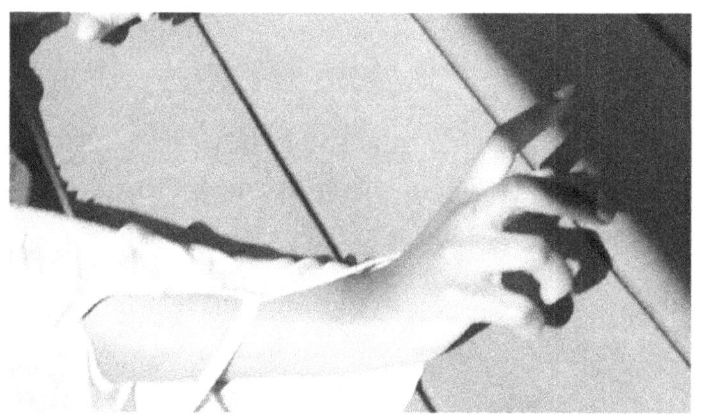

@Avec Bouchra Assou

Quand j'y pense, l'oralité des contes détient ce secret… Ainsi les récits qui nous paraissent intouchables, douteux et mystérieux avouent la vérité.

La vie ne pourrait être linéaire quand elle est en soi un chaos de vide. De l'atome à la galaxie, c'est le même délire.

La même merde.

Après avoir défié le temps et embrassé tes lèvres rouge sang, réduites en poussière, la légende me parvient.

(Elle s'arrête devant l'église sur les pentes du vieux port, elle rit par mépris, s'exclamant toujours plus fort.)

MBEMKO (CONT'D)

Seigneur, j'avais oublié qu'à Montréal, les églises n'en finissent pas. Mes ancêtres comprendront ma détresse.

(On la voit entrer dans l'église, s'accroupir en signe de salutation tout en mettant l'eau bénite sur son front.)

CUT TO

(La caméra se pose sur son visage en larmes, elle joint ses mains. On voit apparaître quelques billets dans son sac.)

MBEMKO (V.O.)

Au nom du père, du fils et du Saint-Esprit. Tu dois savoir ce qui se passe et la raison de ma venue… Mais tu ignores mes appels de détresse, Seigneur, sauf votre respect, bien sûr. Je te raconte ainsi la situation suivante : après 4 ans de relations, Nyanré m'a officiellement ghosté. Une des définitions modernes serait qu'elle m'a abandonné comme une merde, sans rien dire. Je te laisse le choix. Je prie rarement, mais quand je le fais, c'est avec amour.

(Mbemko observe la statue du Christ avec culpabilité.)

Dès lors, elle entre dans un duel de regards face à cette statue immobile, et percutée par la victoire du petit Jésus, ses lèvres laissent couler ces derniers mots, un peu comme une fatalité :

Eh oui, je l'aime encore. Je comprends sa décision, mais j'ai besoin de clôture… tu sais… une vraie rupture. Une où l'on se dispute dans la rage pour finalement pleurer de désespoir dans l'attente d'une rédemption, je ne veux pas la forcer à revenir, j'ai juste besoin de réponses. Sainte-Marie, mère de Dieu, priez pour nous pauvres pécheurs, maintenant et à l'heure de notre mort, amen.

(Flash-back de Mbemko et Nyanré dans la chambre.)

@ Avec Bouchra Assou

Suis-je la seule personne à voir ce genre d'images dans ces moments-là ?

Elle se dirige vers la sortie, remet en place ses lunettes de soleil, comme pour mieux voir ce qu'elle n'arrive pas à comprendre. En arrière-plan, l'église et le son des cloches.

JUMP CUT TO

Int. Café pastel, MTL – Day

(Sur la table rose bonbon, Sin pose ses bras nonchalants, un joint roulé à la main et regarde la caméra avec jugement. Un regard probablement adressé à Mbemko. Elle passe le joint à une personne à sa droite, admire les cartes de tarot et rit.)

SIN : Yoo… c'est ouf ton affaire.

DISSOLVE TO

(Sin s'arrête un moment et se laisse prendre par la musique [son étouffé] : No scrubs de TLC. La caméra alterne sur différentes parties de son visage comme un rêve.)

MBEMKO : Comment ça ? Qu'est-ce que tu vois ?

(La caméra dévoile les cartes de tarot au fur et à mesure que Sin les retourne : Reine d'épée, Huit de coupes, le Diable, le Neuf d'épée et la Lune.)

SIN : Comme toi, rien du tout.

(Mbemko jette un regard apeuré.)

Mais je comprends une chose. Tu es la personne qui ne perçoit rien dans l'histoire et tu viens vers moi pour entrevoir ce que tu refuses de voir. D'abord, le Diable. Pourquoi tu me regardes comme ça ? Ce n'est pas une mauvaise carte, je veux dire… tu as le diable en toi… ton cœur et ton âme sont en feu, entourés de tes propres démons. C'est pour ça que tu es en face de moi.

(Mbemko cache ses yeux soudainement. Le flash-back d'un baiser et un grand plan sur ses ongles troublent sa présence. Elle revient au moment présent et laisse tomber ses mains sur la table rose bonbon.)

(Mbemko ne répond pas et observe Sin. Elle pose son visage neutre entre ses mains, les joues creuses, les yeux baissés avec attention. Elle pointe Sin du doigt. La caméra se rapproche : une table remplie de fumée en gros plan laisse apparaître le doigt de Sin. Elle parcourt les cartes progressivement et pointe celle de la Lune.)

SIN : La Lune décrit les illusions, le monde des émotions.

(Un temps.)

(Sin change de ton.)

Tu es perdu…

MBEMKO : Ielle est partie sans rien dire. Sur les applications, j'ai l'habitude, on a tous·tes l'habitude, on s'en bat les couilles. Je veux dire… On a tous·tes vécu ça. Mais après 4 ans, tu n'es pas un fantôme. Tu ne peux pas hanter la vie de quelqu'un comme ça… en sachant très bien…

(Un temps.)

Je me demande si j'ai dépassé ses limites à un moment donné.

SIN : Écoute, je pense que c'est juste Montréal. By the way, j'ai vu un mème, c'était genre : « Montréal qui prend un verre de fidélité », l'image d'après, une photo d'un homme qui crache son verre.

(Les personnes autour de la table rient aux éclats.)

PERSONNE A : Non, mais sérieux ! Toi, tu as déjà eu une relation sérieuse dans notre génération qui a duré plus de six mois ? Sans problèmes de communication ? Ah là là, concentrez-vous…

(Toutes les personnes à la table se plongent dans un silence. La caméra passe les visages et les doigts en même temps que le joint.)

PERSONNE B : Waouh !

(Ielles rient.)

PERSONNE C : Je veux dire… tu n'as pas le temps de dire… « Alors… Jeanne, je commence à avoir des sentiments » que la personne a disparu… en fait… elle n'est plus avec toi. C'est-à-dire qu'elle n'a plus ton temps. On dirait que tu as cassé l'incertitude… évidemment… ce n'est plus intéressant.

PERSONNE D : Ça te laisse des vues sur Instagram.

PERSONNE E : Je veux dire ok, on a tous·tes des moments comme ça, mais je n'ai pas vécu ça dans d'autres villes. Je pense que c'est officiellement une signature made in Montréal.

PERSONNE A : Ou made in on est tous·tes en dépression ?

PERSONNE B : Avec ce temps de merde, tu m'étonnes, je ne suis pas prêt à voir qui que ce soit.

SIN : Non, mais les amitiés, c'est la même affaire. Genre… personne ne construit d'amitiés durables ici. Il y a des amies, je me demande, Jésus-Christ, j'espère que tout va bien… On ne s'est pas vu ça va faire 4 mois… depuis le covid 19… Je ne prends plus rien personnellement… Je veux dire… je comprends… chaque personne a sa santé mentale à gérer… Mais là… On ne va pas y arriver.

(Tout le monde se regarde dans un silence, on aperçoit la nostalgie, une atmosphère de déjà-vu sur leurs visages.)

SIN : Ok, à qui le prochain ? Si c'est parce que ta date t'a laissé toi aussi, j'arrête de lire les cartes.

(Mbemko embrasse Sin. Un grand plan sur leurs joues. L'index de Mbemko trace l'adresse d'un café sur la joue de Sin. On voit Nyanré, en arrière, avec une autre personne. Sin regarde, retient Mbemko, le temps que Nyanré passe. Un grand plan sur la main de Sin qui serre puis relâche son bras.)

(La Caméra alterne sur le visage de Mbemko qui exprime une certaine incompréhension, le groupe d'amies échange des regards dans le fond, incluant des regards avec les baristas. Les regards de ces derniers se noient dans le vide, le tout en slow motion sur le monologue suivant.)

MBEMKO : Tard le soir, je me fais souvent violence. Je pense à ce que les autres ont pu voir ou faire dans mon dos, dont je n'ai pas la moindre idée. Des secrets qui ne seront probablement jamais dévoilés. Lorsque l'on porte une odeur désagréable sans le savoir, on avoue le mystère de l'humanité, nous sommes condamnés a porté cette puanteur fièrement aux yeux d'un entourage meurtri. C'est comme une plaisanterie de Dieu, afin de nous rendre éternellement humbles.

Sartre cria sur les toits, à huis clos : *L'enfer, c'est les autres*. Mais bon, les hommes blancs n'ont plus rien de bon à dire en 2020… Je n'avais pas compris la citation, comme beaucoup d'entre nous d'ailleurs. J'ai toujours cru que c'était une justification de notre haine pour l'autre. Qui ne veut pas justifier son malaise face aux autres derrière la plume d'un grand écrivain ?

Quand on voit une publication sur Facebook qui nous rassure qu'il ne faut pas faire confiance aux autres, un soupir de satisfaction se dessine sur nos lèvres : en 2008, cette amie m’a brisé le cœur, et l’expérience me dit qu’il ne faut pas faire confiance à qui que ce soit.

J’étais là.

Tout le temps.

Au service des autres, une oreille incontournable. « Mbemko, tu es gentille. », « Ah, je te présente Mbemko, iel est si gentille. » Être présent·e a toujours été la meilleure facette de ma personnalité. Des fois, j’eus l’impression que c’était bien la seule. Il fut un temps où j’avais entièrement confiance en l’autre. *L’enfer c’est les autres*, criais-je avec dédain et sarcasme, roulant mes yeux autour de la table, un verre à la main, contemplant chaque personne pendant quelques secondes. Malgré les messes basses auxquelles j’avais assisté, je ne voyais que des visages. Impossible pour moi d’entrevoir les ombres. « Tu ne me fais pas chier, je ne te fais pas chier » était ma doctrine.

Ext. Cabine téléphonique Bell (métro Iberville) – Day

(Mbemko se pose sur les parois de la cabine téléphonique. Elle y donne quelques coups par colère. Extraits de soirées d'appartement avec les couleurs rouges. Tout le monde porte un masque africain et est habillé en tenue extravagante.)

MBEMKO : L'enfer c'est les autres. (L'enfer c'est les autres.) Con·ne, je n'avais pas compris le point de vue de Sartre et surtout je ne l'ai jamais lu. L'enfer c'est l'autre. Et là, j'ai appris dans les nuages de livres et d'expérience que pour se construire, on a besoin du jugement de l'autre. Les autres nous forcent à une remise en question. Bon, je ne bois pas la philosophie occidentale comme un chocolat chaud au cacao. Mais je ne pouvais plus nier cette vérité. Un jour, doucement, comme ça, sans surprise, les mots ont glissé dans mon propre souffle, sans me prévenir…

(La caméra se rapproche des lèvres de Mbemko.)

— L'enfer c'est les autres.

C'est bon, je l'ai dit. Non comme Sartre, mais comme Hobbes, *Homini Lupus* est, *l'homme est un loup pour l'homme*. Je l'avais ressenti, mais pas pensé. Hobbes !

@ Avec Bouchra Assou

Int. Bar sportif, St-Laurent – Night

MBEMKO : Je pensais que tu étais ici. C'est un endroit assez bizarre, hein ?

(Silence.)

Juste pour te voir passer… Pour te dire que tu me manques… De mon côté, j'ai un peu de difficulté. Si tu vois ce que je veux dire.

NYANRÉ : Comment tu vas ?

MBEMKO : Tu es sûre, Nyanré ? Tu veux vraiment savoir comment je vais ? Tu as complètement disparu de la circulation, tu ne m'as rien dit. J'ai l'air conne à chercher des réponses… à comprendre.

NYANRÉ : Comprendre quoi ?

MBEMKO : Pourquoi tu es parti…

Tu n'es pas la seule personne dans cette relation. Tu ne sais pas comment communiquer tes désirs ou tes peurs, et tu agis carrément comme un enfant. Tu as besoin de thérapie.

NYANRÉ : Ah oui, je sais, j'en ai besoin, c'est juste que les moyens ne suivent pas.

Je pense aussi que tu en as plus besoin que moi.

MBEMKO : C'est drôle, je m'étais fait des scénarios. Ne ris pas, je vais être entièrement honnête.

Je ne sais plus quoi dire ou quoi penser… Dire « jt'aime » est un mensonge. On le sait très bien, c'est juste un moyen de dire « je t'aime bien » en abrégeant.

(Mbemko rit.)
(Silence.)

MBEMKO : Il faut que tu me dises : est-ce que j'ai respecté tes limites en te cherchant ? En fait, j'en ai besoin pour pouvoir…

(Nyanré prend son café, le boit d'un shot et sort du bar.)

FADE OUT

Ext. Ruelles du Vieux-Montréal – Afternoon

(Mbemko marche dans les ruelles, fumant sa cigarette.)

FADE OUT

FADE IN

Int. Chambre de Mbemko – Night

(Mbemko et Nyanré sont assises aux coins du lit. Une torche rouge illumine l'ombre de Nyanré qui, un verre à la main, boit une gorgée.)

NYANRÉ : Tu te rappelles la première fois que je t'ai vu ? Tu étais transparente… J'avais l'impression… Peut-être sommes-nous seulement des amies, qui sait ? Des fois, je ne vois pas la différence.

(Nyanré se lève, fait un tour sur iel, sourit et enchaîne plusieurs poses en un gros plan sur son visage.)

MBEMKO : Ahhh, tu m'aimes, je t'aime, est-ce qu'on a besoin de plus ?

NYANRÉ : Est-ce que tu m'aimes réellement ou tu me mets sur un piédestal ?

MBEMKO : Les deux. Et toi ?

NYANRÉ : Je me disais bien… Je suis polyamoureuse, mais je travaille sur certaines choses… j'essaie de déconstruire… d'accepter…

MBEMKO : Ouais, tu as besoin de temps… Peut-être qu'on a besoin de prendre un peu de distance de temps à autre.

FADE OUT

@ Avec Bouchra Assou

FADE IN

Ext. Parc Laurier, Montréal – Day

MBEMKO : En été, les gens deviennent complètement fous.

NYANRÉ : Oui… tellement. L'adjectif fou ou folle est complètement irrespectueux, tu sais.

MBEMKO : Oh ! Vraiment ?

NYANRÉ : Oui, il faudrait qu'on arrête d'utiliser folle, fou, et tout… Ce sont des mots qui décrédibilisent la santé mentale, je trouve…

MBEMKO : Oh okay… désolé.

FADE OUT

FADE IN

Int. Bar Barbossa – Night

(Mbemko et Nyanré se regardent dans les yeux et dansent sur Essingan des têtes brûlées.)

FADE TO BLACK

FADE OUT

Int. Petit appartement de Montréal – Day

(Un groupe d'ami.e.s sont assises ensemble.)

(Plan sur les mains [séquences uniquement avec les mains].)

(Rapprochement de la caméra doucement sur les deux amant·e·s, presque comme un combat. Plus on se rapproche, plus on avance et remarque que les ombres changent. On passe du noir et blanc à la couleur. Les deux amant·e·s s'embrassent dans la fumée des cigarettes.)

(Ielles regardent vers la caméra et parlent sur fond muet. Excitation face à des amies qui viennent dans le sens opposé. Ielles dansent, prennent des gants de boxe et s'amusent, font semblant de se battre.)

FADE OUT

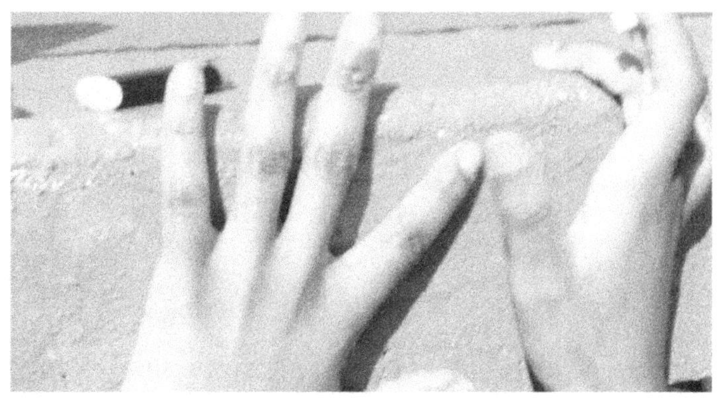

@ Avec Bouchra Assou

FADE IN

Int. Chambre de Mbemko

(Différents plans entre les deux personnes qui se parlent [muet], les messages apparaissent sur l'écran.)

NYANRÉ : Hello Mbemko :) comment tu vas ? Ça fait longtemps ! Faudrait trop qu'on se voie !

MBEMKO : Hey, ça va bien, et toi ? Oui, carrément ! ça te dit qu'on fasse de quoi lundi ?

NYANRÉ : Oui, vas-y ! 15 h à…

MBEMKO : Oui… Café Ferlucci… On se voit là-bas alors…

Ext. Café-terrasse – Day

Scène muette accentuée sur ses mains de dos. Nyanré essaie de parler, mais Mbemko la retient par son regard.

MBEMKO : Tu as peur du silence ?

NYANRÉ : Non… J'ai peur du noir…

MBEMKO : Tu n'es pas la seule.

NYANRÉ : *(Nyanré sourit.)* Tu fais de la politique maintenant ?

MBEMKO : *(Sur un ton ironique)* Je ne suis ni de gauche ni de droite, et pas communiste.

NYANRÉ : Tu es…

MBEMKO : Oui, je suis…

NYANRÉ : Panafricaniste ?

MBEMKO : Qu'est-ce que tu veux dire par panafricaniste ? Qu'est-ce que le panafricanisme pour toi ? Comment peux-tu savoir que je suis africain·e ?

FADE OUT

FADE IN

Int. Tropical, MTL – Night

MBEMKO : Il y a quelque chose d'étrange chez toi… Tu fais comme si tu ne comprenais pas ce que je veux dire.

NYANRÉ : Je ne comprends pas le français.

MBEMKO : Tu l'as vu, je veux dire…

NYANRÉ : Oui…

MBEMKO : C'est bon.

(Scène de flirt entre Nyanré et une inconnue, caméra sur épaule.)

INCONNU : C'était la première fois que je la voyais. Très simple. On ne se connaissait pas. Qu'est-ce que tu veux savoir ?

MBEMKO : Rien, j'essaie de comprendre.

INCONNU : Il n'y a rien à comprendre. Juste à accepter. Ne viens pas me jeter tes insécurités à la gueule. Je n'en veux pas… Je refuse… Que l'on tombe amoureux cent fois en même temps, c'est possible. Ne me regarde pas comme ça. Quoi ? Oui, on se voit encore. D'autres questions ? Oui, on baise… Eh oui… on s'aime beaucoup…

(Silence.)

Mais je croyais que tu étais…

MBEMKO : Écoute, j'y travaille, déconstruire cette vision hétéronormative… tu sais, c'est en nous, pour d'autres ça prend du temps et il y a certains objectifs et règles qu'on se fixe. Il faut qu'on se parle.

INCONNU : Pardon ?

MBEMKO : Il faut qu'on parle, j'aurais voulu qu'elle me le dise… Comme les merdes de chiens déposées dans Tout Paris… Juste dire haut et fort « il faut qu'on parle » est devenu un gouffre sans fin dans lequel personne ne veut plonger… Est-ce que la peur que tu ressens ne te fait pas réaliser… D'un côté, que tu as quelque chose à te reprocher ? Ou la situation que vous repoussez, que tu repousses, que la personne repousse… Vous consume. J'aurais voulu qu'elle me le dise, tu sais ? Qu'elle me dise « il faut qu'on parle ». J'aurai eu peur, mais au moins j'aurais affronté la chose…

INCONNU : Voilà, on y arrive… Tu avoues enfin que ce n'était pas une surprise… Tu savais que quelque chose n'allait pas… Je dois te laisser…

(L'inconnu prend son sac et sort.)

FADE OUT

FADE IN

Ext. Cabine téléphonique Bell – Day

MBEMKO : Hey… hum… tu me ghostes hein ? J'ai vu que tu m'avais bloqué un peu partout. Je ne comprends pas, tout allait bien et le lendemain je ne pouvais plus… *(Hésitations)* Il faut que je t'envoie un courriel maintenant ?

(Mbemko rit.)

Je veux juste savoir ce qui s'est passé et comment tu te sens, j'espère que je ne t'ai pas offensé.

(Elle raccroche et le téléphone sonne en retour pendant plusieurs minutes.)

FADE OUT

FADE IN

Int. Bar sportif italien, petite Italie – Day

MBEMKO : Nyanré, tu es encore en vie ?

NYANRÉ : Tout dépend de ce que ça signifie de nos jours : « être en vie », Disons que je survis. Comme la plupart du monde n'est-ce pas ?

MBEMKO : C'est sûr qu'avec 1200 euros de SMIC, ce n'est pas une vie. Oh, attends, je pense... qu'on va monter, 50 euros de plus dans pas longtemps et 100 euros de plus sur l'électricité.

NYANRÉ : Tu as l'air d'en savoir beaucoup…

MBEMKO : Si on se rencontre aujourd'hui, ce n'est pas pour étaler mes connaissances… au contraire… Qu'est-ce qui se passe entre nous ?

NYANRÉ : Quelle est la première chose à laquelle tu as pensé ? Quand tu t'es rendu compte le soir que je n'étais pas rentré ? Quand tu as remarqué que ma weed n'était plus sur la table ? Quand après ton travail, tu t'es rendu compte que je n'allais jamais répondre à tes messages ? Et que la nuit enfin tombée, je n'étais pas là… près de toi… à écouter sans jamais réellement comprendre. Cette relation était vouée à l'échec Mbemko…

MBEMKO : Alors c'est comme ça que ça doit se terminer ? dans le flou… Tu n'as pas l'air trop fâché ou triste… sinon, moi ça va, la routine. *(Ton ironique)*

NYANRÉ : Tu ne m'écoutes pas.

MBEMKO : Parce que tu ne dis rien… Tu crois que c'est comme ça que ça marche ? Tu ne dis rien et je dois deviner ce que tu ressens ou ce que tu penses ?

NYANRÉ : Qu'est-ce qu'on fout là ?

MBEMKO : Tu dois voir du monde toi, je te connais bien.

NYANRÉ : Hum… Non, je ne vois personne. Et toi ?

MBEMKO : Tes mains.

FADE OUT

@ Avec Bouchra Assou

FADE IN

Ext. Parc Laurier, Montréal – Day

(Mbemko, seule dans le parc Laurier, pensive et fumant sa cigarette. Elle va au téléphone et essaie de joindre Nyanré.)

FADE OUT

FADE IN

Int. Bar Néon – Night

(Nyanré flirte avec l'inconnu et danse.)

FADE OUT

FADE IN

Int. Chambre de Mbemko – Night

(Nyanré peint. Le téléphone sonne.)

FADE OUT

FADE IN

Int. Tropical, MTL – Night

(Mbemko reste seule dans le bar et observe la chaise vide devant elle.)

FADE OUT

FADE IN

Ext. Café-terrasse – Day

(Elle reste seule sur le café-terrasse.)

FADE OUT

FADE IN

Int. Chambre de Mbemko – Day

(Mbemko, assise sur le lit, contemple ce qui se passe autour d'elle.)

Et si je ne m'étais pas levé à 8 h 30.
Pris le bus de 9 h 10.
En possession de mon téléphone.
Qui sait ? Peut-être qu'à 9 h 20 j'aurais fait attention.
Et si j'avais tourné mon dos,
Qui aurais-tu regardé ?
Peut-être, est-ce la dame sur l'autre trottoir qui aurait accaparé ton regard.
Pire, tu penses ?
Pire, tu penses serait l'horreur de la possession ?
Quel sentiment vilain !
Oh la honte !
Oh le vilain sentiment !

FADE OUT

FADE IN

Ext. Café-Terrasse – Day
Noir et blanc

Je me rends dans le plus grand silence.

Celui de la fin lorsqu'il n'y a plus rien à dire.

Rien à voir

Ce matin, le soleil a encore craqué sous les nuages.

Je lui lance un regard de défi pis je ris

Qu'est-ce que je croyais ? À quoi pensais-je ? Et surtout où étais-je tout ce temps ?

Je m'étais perdu dans les limbes de la mémoire

Longtemps immiscé dans des souvenirs

Dans des pensées périmées

Dont je me forçais à boire les restes

Au point d'en venir au dégoût.

Humiliée d'amour, répulsée de désir

Dans le fond de la gorge, il me reste une note sucrée, je l'aimais.

Mais l'arrière-goût amer et acide fait du sens.

La date, déjà passée, j'essaie de l'effacer à coup d'imagination

Je mélange ainsi les événements du passé et de la créativité

Afin de créer une histoire réaliste, tu vois.

J'essaie de me souvenir de ses cheveux, de ses mains.

OUI, quand je l'embrasserai.

Elle me touchera ainsi.

Elle se retournera comme cela.

Tout est flou évidemment, tout est gluant.

Entre les reliques qui furent autrefois des cadeaux

J'ai de vagues souvenirs

Mais rien

Juste le bruit de mes pensées qui s'entremêlent

Quelques larmes par-ci par-là

La rage

Je m'énerve, car oui je me suis encore et encore perdu à créer un espace

Des personnages

Elle, moi

Un script, qui n'existe évidemment pas.

Rien ne se passe comme prévu

@ Avec Bouchra Assou

Je mets fin à la cacophonie des images
Tous les souvenirs sont devenus intouchables
Je tombe et je me lasse de vivre dans les réminiscences
Je n'arrive plus à rêver, à concevoir quoi que ce soit
Le dilemme se construit : soit m'obstiner à changer la date de péremption ou cesser de manger ce yaourt dégueulasse.
Je vomis le silence,
Enfin.
Ce matin, je peux réécouter la musique des oiseaux et celle des voitures qui me casse les ovaires.

FADE TO BLACK

Fin ou début d'une autre vision bien trop faible pour subsister

INT. Fond blanc– Day

NYANRÉ : *(Les yeux face à la caméra)* Eh bien, ça ne fonctionne plus, je ne crois pas que son odeur me manquera un jour…

Malgré cela, certains jours paraissent inoubliables, comme lorsque je me perdais dans ses bras, éprise de la chaleur que me procuraient ses draps.

Prise d'une naïveté aveugle.

En soi, je ne sais pas comment mettre un point d'honneur à une histoire qui se terminera quand l'un d'entre nous mourra. Si je ne me force pas à sombrer dans une haine ou dans le rabaissement de l'être que j'ai tant aimé, je ne pourrais prendre de pause en attendant la fin de l'autre. Oui, je suis relié à toutes ces personnes que j'ai aimées sans réfléchir. Je ne parle pas de ceux et celles que j'ai dû observer, scruter et hésiter à aimer. Je parle de ceux et celles qui se rapprochent le plus de mes imperfections, portant la trace de mes attachements émotionnels aussi toxiques, que sains. Ces personnes que j'ai aimées naïvement, comme un enfant devant son premier ou sa première amoureux·euse.

Malheureusement, mettre un point à une phrase que je voudrais en point de suspension m'horrifie.

Je ne veux en aucun cas la manipuler, tu sais…

À quoi pense-t-elle ?

Elle se réveillera ce matin, sous le choc, face au vide… en se disant que cet acte est impardonnable.

Ce n'est pas comme cela qu'on agit, me suis-je dit dans l'empressement de mes pas. Elle me tuera, c'est sûr, répétais-je à chaque pas accéléré et apeuré. Je sortais sur le pas de la porte comme une voleuse. En effet, je lui avais volé l'opportunité de s'exprimer, en pleurs ou en rires, sous couvert de fausses indifférences. J'ai volé la rupture.

Je suis lâche, oui, je sais.

Je suis une incapable, incapable de prendre une décision autre, comme une pause, par exemple. Non, j'ai décidé de prendre la fuite, mais je ne veux ni continuer ni terminer cette relation…

Absurde ! Ridicule !

Quel comportement déplorable ! me suis-je dit à haute voix.

Pendant quelques secondes, je retournais mes talons, en direction de la maison. Je restais là dans la rue pendant quelques minutes, le coup virevoltant dans les directions que la rue me proposait et celle qui était devenue ici bien trop familière.

À ce moment précis, dans le regard perdu des passants, je réfléchissais.

Si je devais avouer que mes sentiments pour elle s'évaporaient avec les mois, il faudrait assumer sa réaction et le changement que cela provoquerait entre nous. Après un an, nous n'avions jamais eu de conflits, ce qui me fait douter fortement de cette relation.

Oui, jamais.

Peux-tu imaginer cela ?

Un conflit serait la mort de cette relation… Je ressens un pincement à l'idée de briser cette chose éphémère, ce rêve éveillé dans lequel je tombe après avoir travaillé des heures sans me reposer. Ces moments de pur bonheur sans conflits, sans questionnements. Et même si de temps à autre il m'arrivait d'être énervée et submergée, je pouvais toujours retourner vers ce coussin agréable qu'est la saison amoureuse.

Si je pars maintenant, il restera une infinité de possibilités. Je prends le risque qu'elle ne me pardonne jamais, qu'elle tombe dans les bras d'une personne meilleure. Trop bien pour elle, mieux qu'elle.

Ainsi, en essayant de me rassurer, je m'éloignais peu à peu de cette rue que je prenais chaque jour, pour rejoindre celle que j'aimais tant.

Après quelques heures, assise dans un café, j'ai pris mon portable et j'ai parcouru chaque réseau social. À chaque clic, notre relation virtuelle s'effondrait. Je posais mon téléphone pour mieux comprendre la situation, pour mieux comprendre cette confrontation invisible. En quelques secondes, elle était partie, j'avais le pouvoir de la faire mourir temporairement.

Quand je passe le doigt sur mon téléphone, les notifications me rappellent qu'elle peut tôt ou tard me parvenir. Mais quand, je décide de l'enlever du monde digital, j'ai l'impression que je ne la reverrai que si le futur le décide. Et si elle ose se rapprocher des lieux que je fréquente, ce qu'elle ne fera probablement pas, elle sera bien trop mal à l'aise pour y penser.

Je sais que mon acte est brutal, mais je l'ai vécu et on finit par s'y faire.

Aujourd'hui, les oiseaux chantent quand je sors. Je jette quelques regards sur la rue Iberville, afin d'entrevoir une nouvelle future.

(La caméra se porte à nouveau sur Sin, elle danse dans un salon, sa pipe à la bouche. Ses ami.e.s dansent derrière, se lancent dans des mouvements exagérés. Les pas s'apparentent aux mouvements d'un tableau. Il faut transmettre une fragilité et une douceur des mouvements de danses camerounaises sur L'aventurier d'Indochine.)

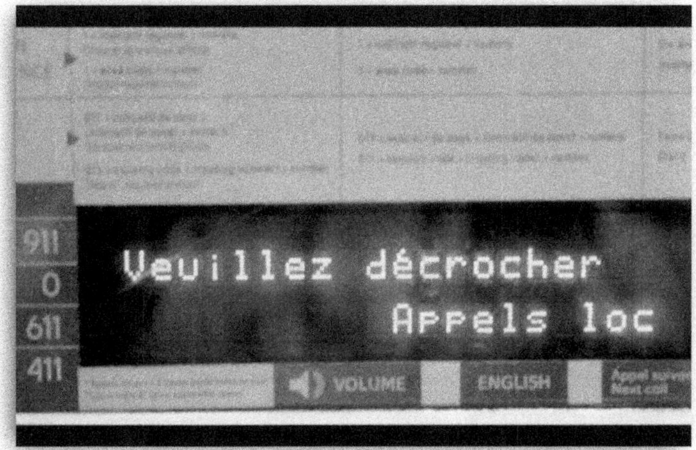

Remerciements

Il faut soulever les cœurs pour soulever les consciences. Je remercie ceux et celles qui m'ont soutenu sans relâche : ma sœur Seylia et nos 400 coups, Adeline et Siméon, mes tendres parents, une amie attentive, Ornella et les grands sourires de ceux et celles qui travaillent à la préfecture de l'Ain. Mais aussi, Bourg-en-Bresse et ce beau monastère que j'aime tant.

Imprimé en Allemagne
Achevé d'imprimer en janvier 2024
Dépôt légal : janvier 2024

Pour

Le Lys Bleu Éditions
40, rue du Louvre
75001 Paris

www.ingramcontent.com/pod-product-compliance
Lightning Source LLC
Chambersburg PA
CBHW062347010826
49168CB00024B/297

* 9 7 9 1 0 4 2 2 1 8 3 5 5 *